Impressum
Verlag: BABADADA GmbH, Nedderfeld 112 , 22529 Hamburg
Geschäftsführer / Verlagsleitung: Harald Hof
Druck: Books on Demand GmbH, In de Tarpen 42, 22848 Norderstedt

Imprint
Publisher: BABADADA GmbH, Nedderfeld 112 , 22529 Hamburg, Germany
Managing Director / Publishing direction: Harald Hof
Print: Books on Demand GmbH, In de Tarpen 42, 22848 Norderstedt

school
school

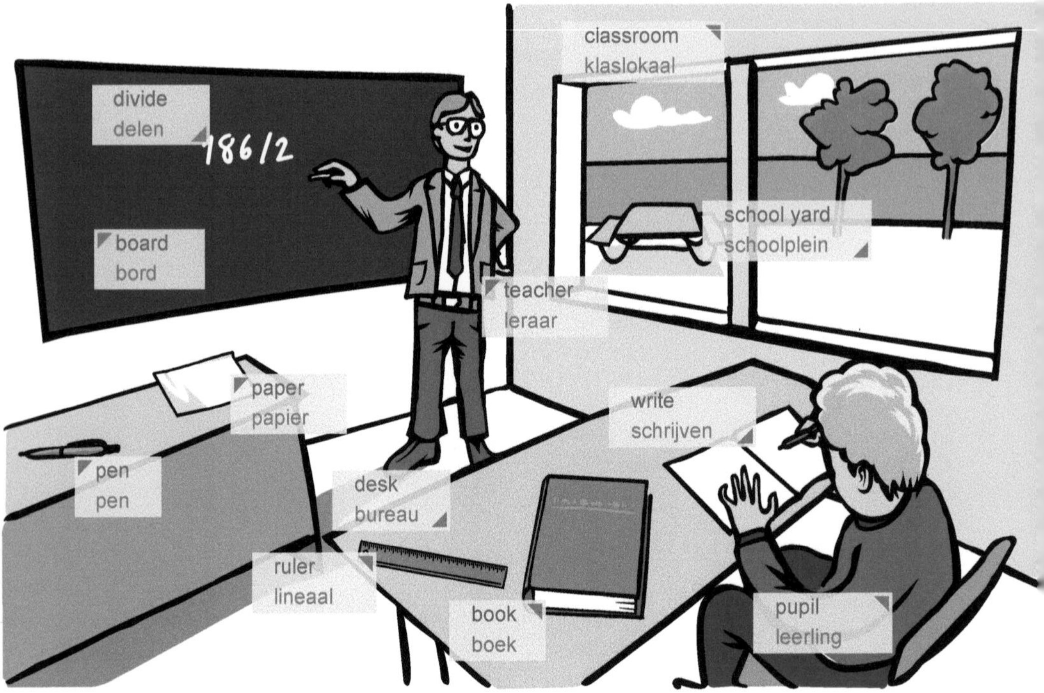
classroom
klaslokaal
divide
delen
186/2
board
bord
teacher
leraar
school yard
schoolplein
paper
papier
write
schrijven
pen
pen
desk
bureau
ruler
lineaal
book
boek
pupil
leerling

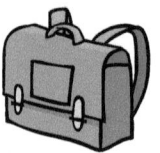

satchel
schooltas

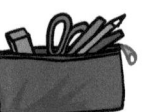

pencil case
etui

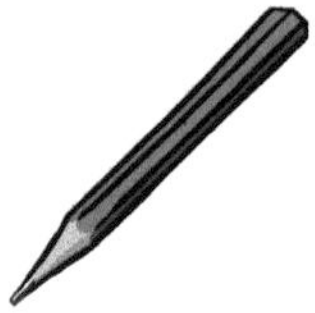

pencil
potlood

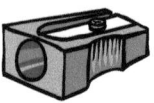

pencil sharpener
puntenslijper

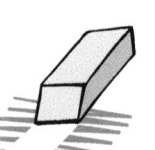

rubber
gum

drawing pad
schetsblok

drawing

tekening

paintbrush

penseel

paint box

verfdoos

scissors

schaar

glue

lijm

exercise book

schrift

homework

huiswerk

number

getal

add

optellen

subtract

aftrekken

multiply

vermenigvuldigen

calculate

rekenen

letter

letter

alphabet

alfabet

word

woord

text
tekst

read
lezen

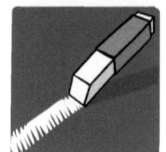

chalk
krijt

lesson
les

register
klassenboek

exam
examen

certificate
diploma

school uniform
schooluniform

education
opleiding

encyclopedia
encyclopedie

university
universiteit

microscope
microscoop

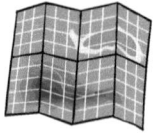

map
kaart

waste-paper basket
prullenmand

travel
reis

hotel
hotel
Grand
hostel
hostel
ROOMS
CHANGE
bureau de change
wisselkantoor
car
auto

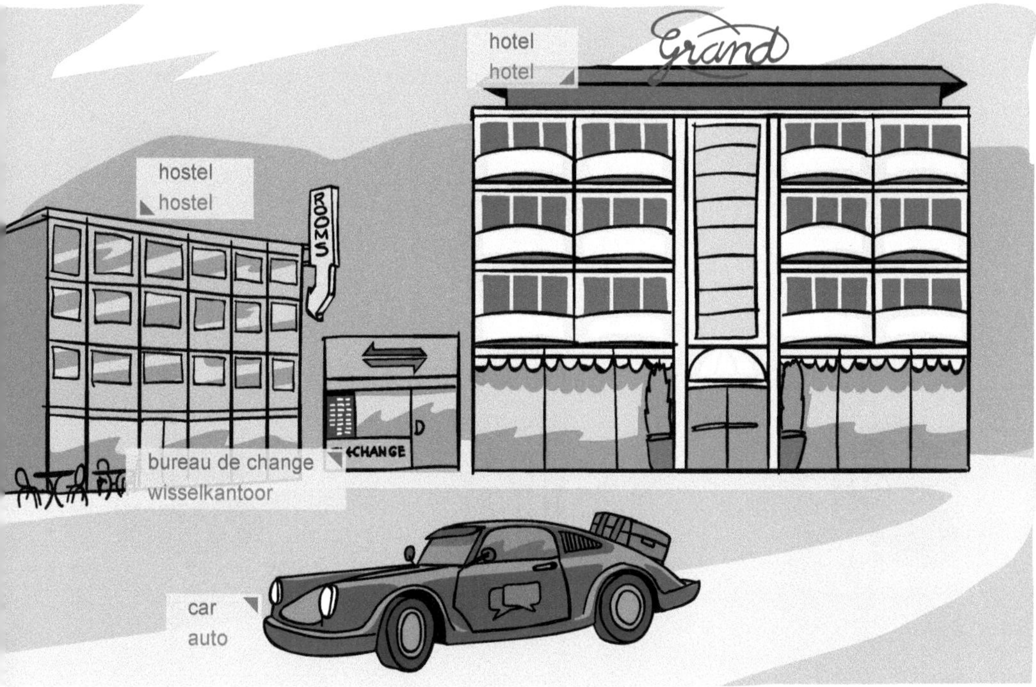

language
taal

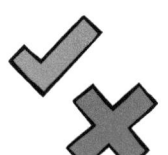

yes / no
ja / nee

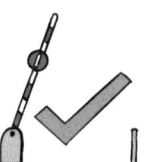

Okay
oké

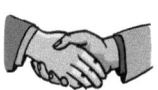

hello
Hallo!

translator
tolk

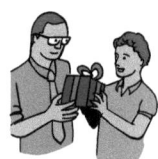

Thank you
Bedankt.

how much is...?

Wat kost ...?

I do not understand

Ik begrijp het niet.

problem

probleem

Good evening!

Goedenavond!

Good morning!

Goedemorgen!

Good night!

Goedenacht!

bye bye

Tot ziens!

direction

richting

luggage

bagage

bag

tas

backpack

rugzak

guest

gast

room

kamer

sleeping bag

slaapzak

tent

tent

tourist information

VVV-kantoor

beach

strand

credit card

creditkaart

breakfast

ontbijt

lunch

lunch

dinner

diner

ticket

kaartje

lift

lift

stamp

postzegel

border

grens

customs

douane

embassy

ambassade

visa

visum

passport

paspoort

transport

transport

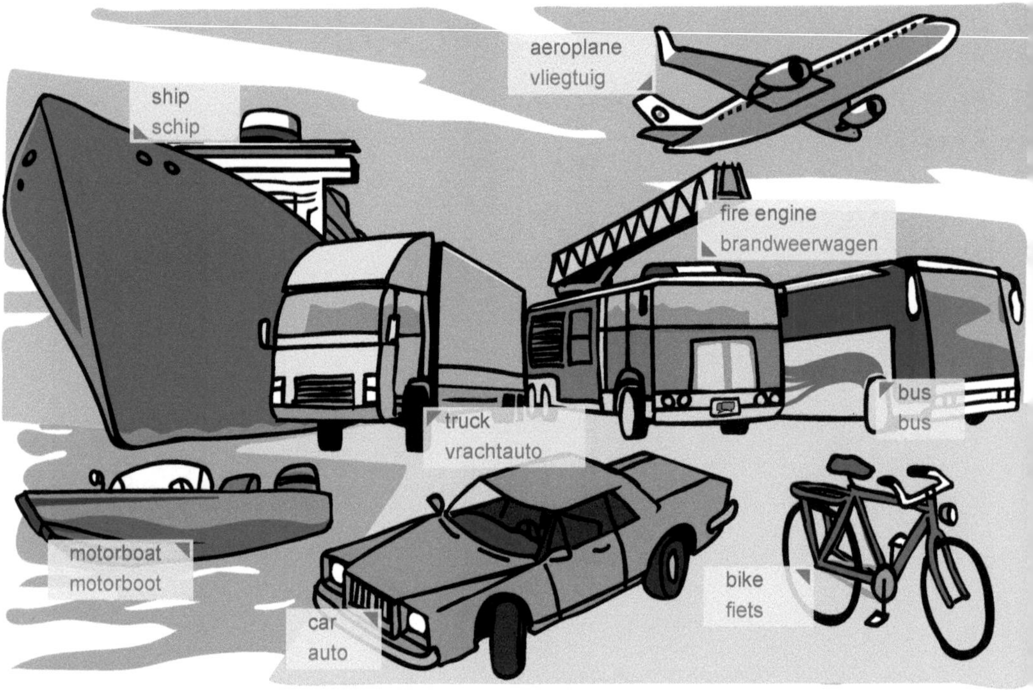
aeroplane
vliegtuig
ship
schip
fire engine
brandweerwagen
truck
vrachtauto
bus
bus
motorboat
motorboot
bike
fiets
car
auto

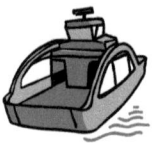

ferry
veerboot

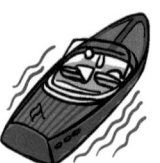

boat
boot

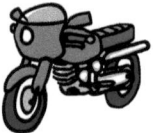

motorbike
motorfiets

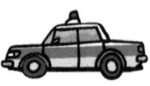

police car
politiewagen

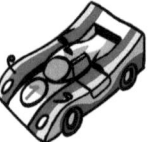

racing car
raceauto

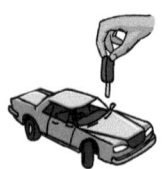

rental car
huurauto

car sharing

carsharing

breakdown truck

takelwagen

refuse truck

vuilniswagen

motor

motor

fuel

benzine

petrol station

benzinepomp

traffic sign

verkeersbord

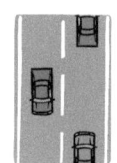

traffic

verkeer

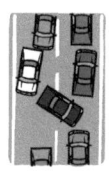

traffic jam

file

car park

parkeerplaats

train station

station

tracks

rails

train

trein

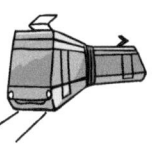

tram

tram

carriage

wagon

helicopter

helikopter

airport

luchthaven

tower

toren

passenger

passagier

container

container

carton

verhuisdoos

cart

kar

basket

mand

take off / land

opstijgen / landen

city

stad

village

dorp

city centre

stadscentrum

house

huis

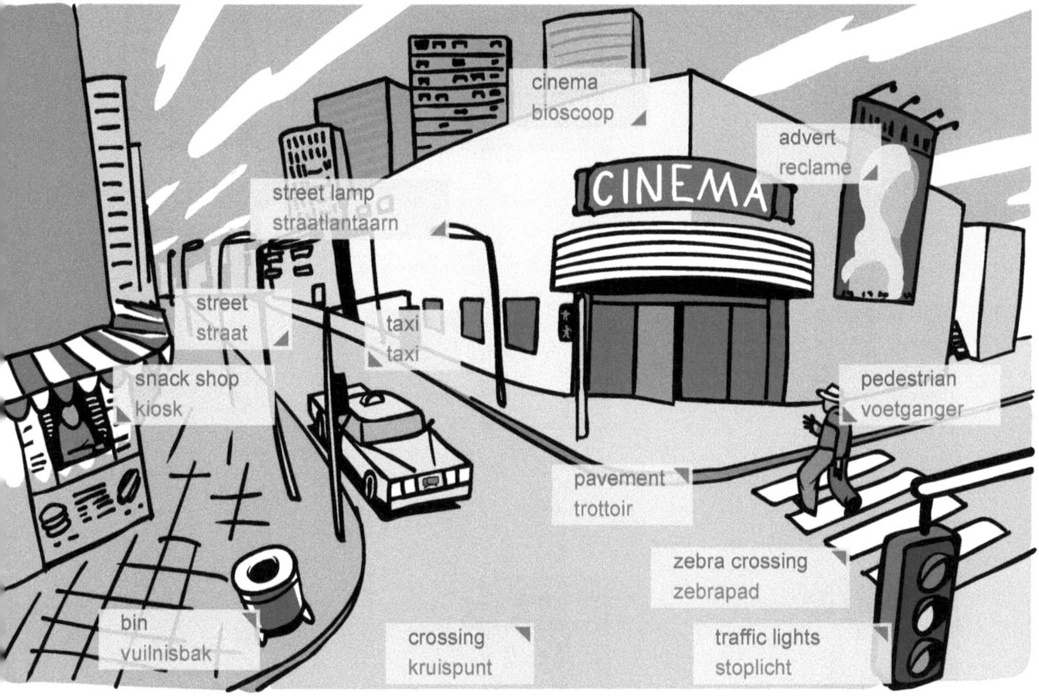

cinema
bioscoop

advert
reclame

street lamp
straatlantaarn

CINEMA

street
straat

taxi
taxi

snack shop
kiosk

pedestrian
voetganger

pavement
trottoir

zebra crossing
zebrapad

bin
vuilnisbak

crossing
kruispunt

traffic lights
stoplicht

hut
hut

flat
appartement

train station
station

town hall
stadhuis

museum
museum

school
school

city - stad

university

universiteit

bank

bank

hospital

ziekenhuis

hotel

hotel

pharmacy

apotheek

office

kantoor

book shop

boekenwinkel

shop

winkel

florist's

bloemenwinkel

supermarket

supermarkt

market

markt

department store

warenhuis

fishmonger's

visboer

shopping centre

winkelcentrum

harbour

haven

park

park

bench

bank

bridge

brug

stairs

trap

underground

metro

tunnel

tunnel

bus stop

bushalte

bar

bar

restaurant

restaurant

postbox

brievenbus

street sign

straatnaambord

parking meter

parkeermeter

zoo

dierentuin

swimming pool

zwembad

mosque

moskee

farm

boerderij

pollution

vervuiling

graveyard

begraafplaats

church

kerk

playground

speelplaats

temple

tempel

landscape
landschap

signpost
wegwijzer

way
weg

meadow
weide

stone
steen

hiker
wandelaar

tree
boom

river
rivier

grass
gras

flower
bloem

valley
....
vallei

hill
....
berg

lake
....
meer

forest
....
bos

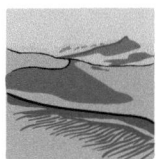

desert
....
woestijn

volcano
....
vulkaan

castle
....
kasteel

rainbow
....
regenboog

mushroom
....
paddenstoel

palm tree
....
palmboom

mosquito
....
mug

fly
....
vlieg

ant
....
mier

bee
....
bij

spider
....
spin

beetle

kever

frog

kikker

squirrel

eekhoorn

hedgehog

egel

hare

haas

owl

uil

bird

vogel

swan

zwaan

boar

wild zwijn

deer

hert

moose

eland

dam

stuwdam

wind turbine

windmolen

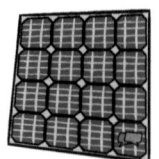

solar panel

zonnepaneel

climate

klimaat

restaurant

restaurant

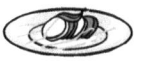

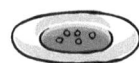

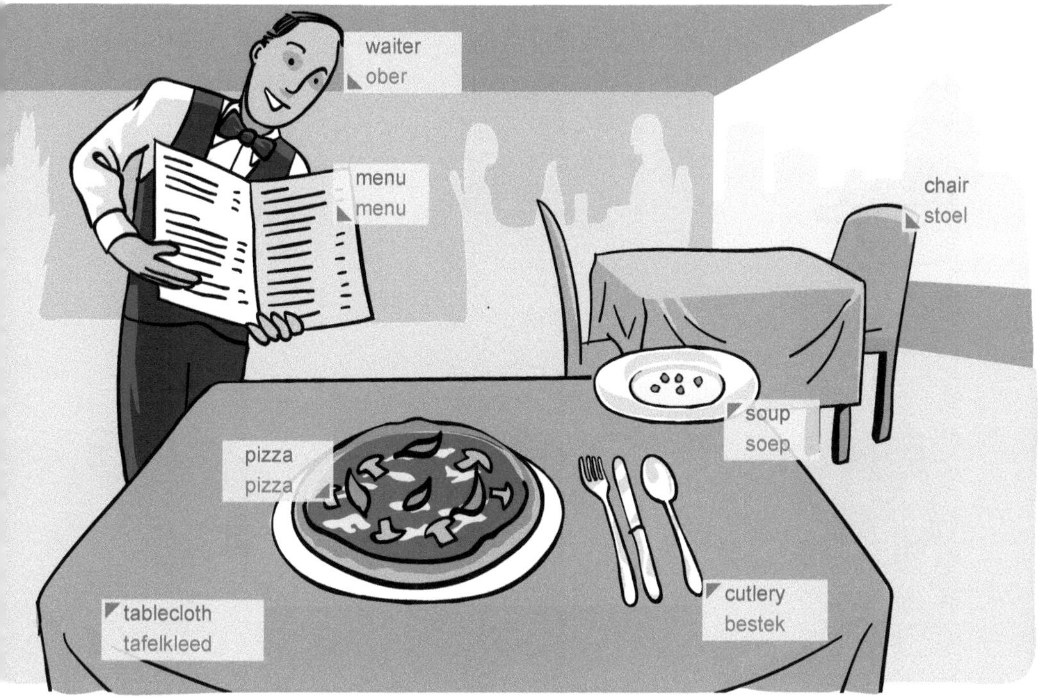
waiter
ober
menu
menu
chair
stoel
soup
soep
pizza
pizza
cutlery
bestek
tablecloth
tafelkleed

starter
....
voorgerecht

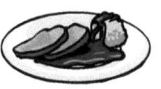

main course
....
hoofdgerecht

dessert
....
toetje

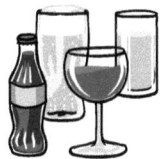

drinks
....
dranken

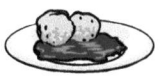

food
....
eten

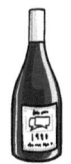

bottle
....
fles

fast food
....
fastfood

street food
....
eetkraampje

teapot
....
theepot

sugar bowl
....
suikerpot

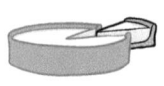

portion
....
portie

espresso machine
....
espressomachine

high chair
....
kinderstoel

bill
....
rekening

tray
....
dienblad

knife
....
mes

fork
....
vork

spoon
....
lepel

teaspoon
....
theelepel

serviette
....
servet

glass
....
glas

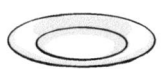

plate

bord

soup plate

soepbord

saucer

schotel

sauce

saus

salt pot

zoutvaatje

pepper mill

pepermolen

vinegar

azijn

oil

olie

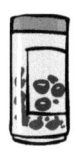

spices

kruiden

ketchup

ketchup

mustard

mosterd

mayonnaise

mayonaise

supermarket
supermarkt

special offer
aanbieding
FOR
customer
klant
dairy
zuivelproducten
fruit
fruit
trolley
winkelwagen

BUTCHERS

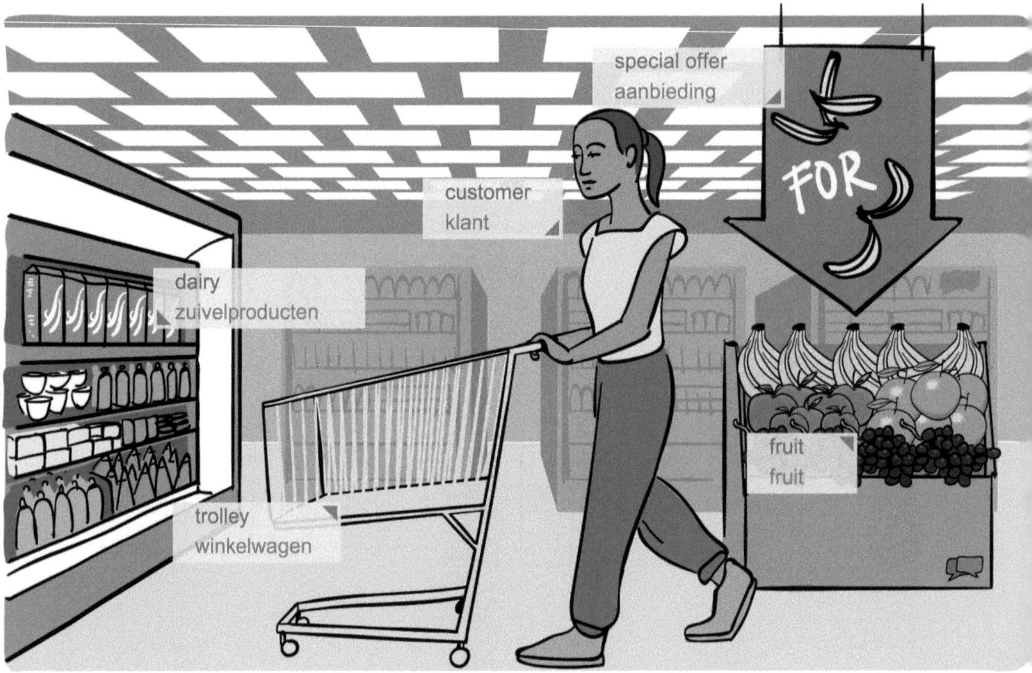

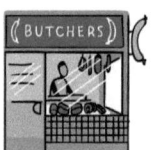

butcher´s

slager

BAKERY

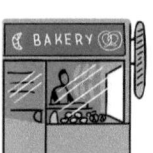

baker´s

bakkerij

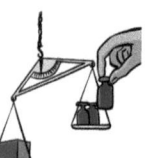

weigh

wegen

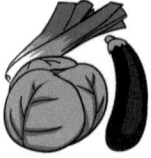

vegetables

groente

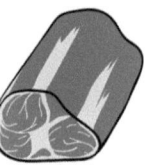

meat

vlees

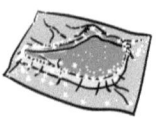

frozen food

diepvriesproducten

cold meat

vleeswaren

tinned food

conserven

washing powder

wasmiddel

sweets

snoepgoed

household products

huishoudelijke artikelen

cleaning products

schoonmaakmiddel

salesperson

verkoopster

till

kassa

cashier

kassier

shopping list

boodschappenlijstje

opening hours

openingstijden

wallet

portefeuille

credit card

creditkaart

bag

tas

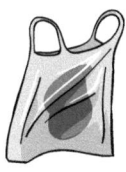

plastic bag

plastic zak

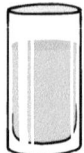

water

water

juice

sap

milk

melk

coke

cola

wine

wijn

beer

bier

alcohol

alcohol

cocoa

chocolademelk

tea

thee

coffee

koffie

espresso

espresso

cappuccino

cappuccino

banana

banaan

apple

appel

orange

sinaasappel

melon

watermeloen

lemon

citroen

carrot

wortel

garlic

knoflook

bamboo

bamboe

onion

ui

mushroom

paddenstoel

nuts

noten

noodles

pasta

spaghetti

spaghetti

rice

rijst

salad

salade

chips

friet

fried potatoes

gebakken aardappelen

pizza

pizza

hamburger

hamburger

sandwich

sandwich

cutlet

schnitzel

ham

ham

salami

salami

sausage

worst

chicken

kip

roast

gebraad

fish

vis

porridge oats

havermout

muesli

muesli

cornflakes

cornflakes

flour

meel

croissant

croissant

bread roll

broodjes

bread

brood

toast

toast

biscuits

koekjes

butter

boter

curd

kwark

cake

taart

egg

ei

fried egg

gebakken ei

cheese

kaas

ice cream

ijs

sugar

suiker

honey

honing

jam

jam

chocolate spread

chocoladepasta

curry

kerrie

farm
boerderij

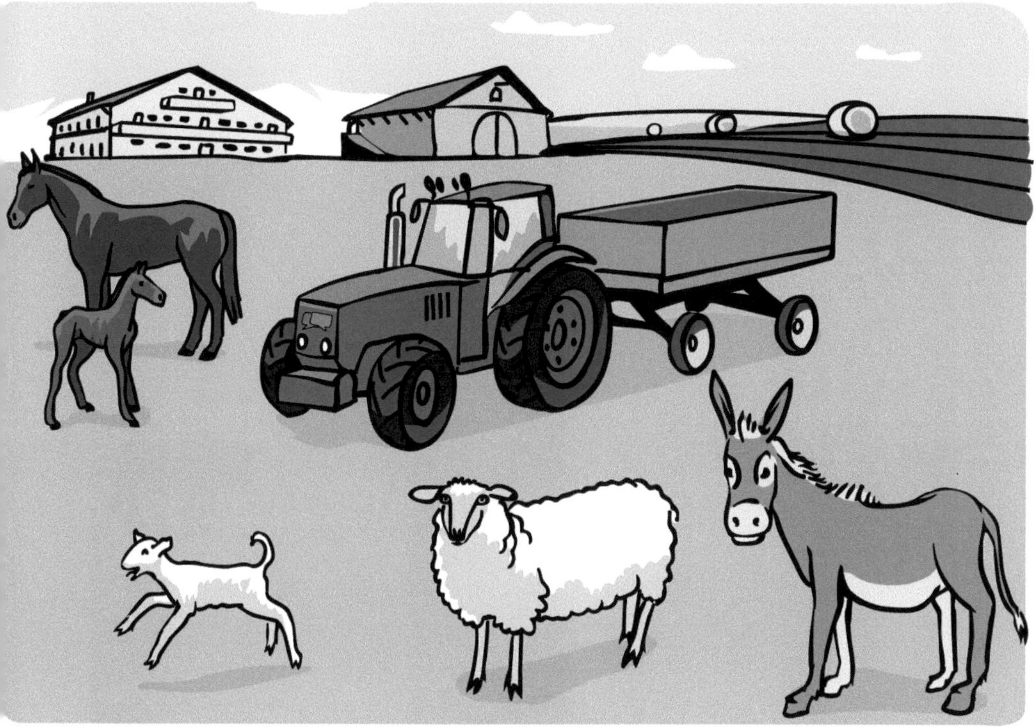

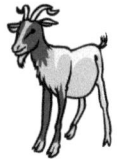

goat
geit

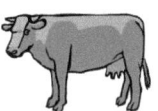

cow
koe

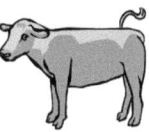

calf
kalf

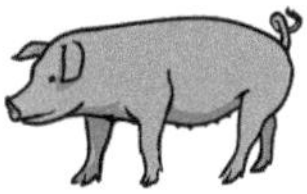

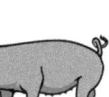

pig
varken

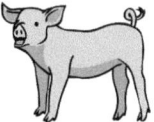

piglet
big

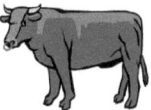

bull
stier

goose
gans

duck
eend

chick
kuiken

hen
kip

cock
haan

rat
rat

cat
kat

mouse
muis

ox
os

dog
hond

doghouse
hondenhok

garden hose
tuinslang

watering can
gieter

scythe
zeis

plough
ploeg

sickle

sikkel

hoe

schoffel

pitchfork

hooivork

axe

bijl

wheelbarrow

kruiwagen

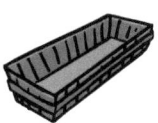

trough

trog

milk can

melkbus

sack

zak

fence

hek

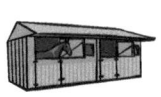

stable

stal

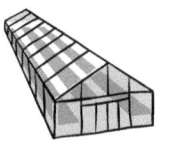

greenhouse

broeikas

soil

grond

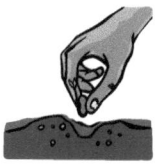

seed

zaad

fertilizer

mest

combine harvester

maaidorser

harvest

oogsten

harvest

oogst

yams

yam

wheat

tarwe

soy

soja

potato

aardappel

corn

maïs

rapeseed

koolzaad

fruit tree

fruitboom

cassava

maniok

cereals

granen

house
huis

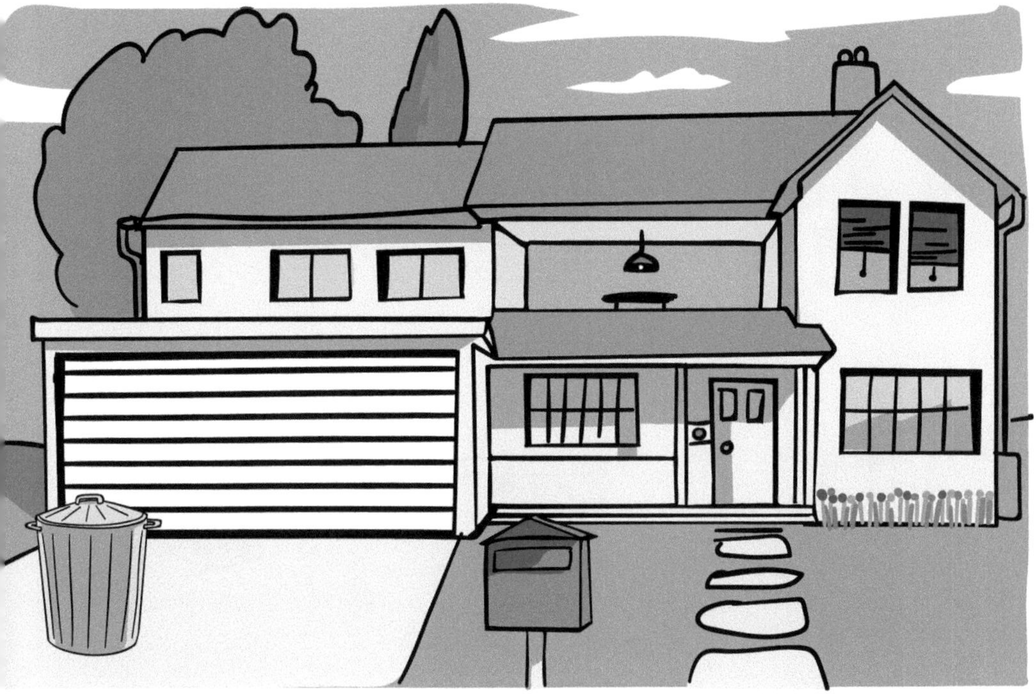

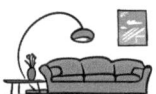

living room
....
woonkamer

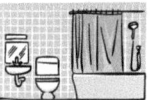

bathroom
....
badkamer

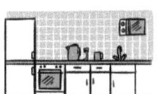

kitchen
....
keuken

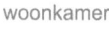

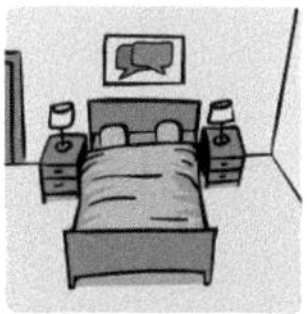

bedroom
....
slaapkamer

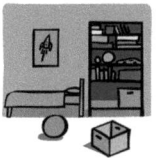

child's room
....
kinderkamer

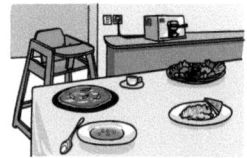

dining room
....
eetkamer

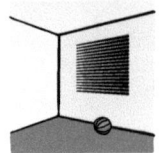

floor

vloer

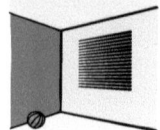

wall

muur

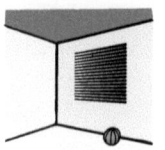

ceiling

plafond

cellar

kelder

sauna

sauna

balcony

balkon

terrace

terras

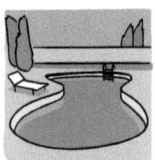

pool

zwembad

lawn mower

grasmaaier

sheet

laken

bedspread

bedsprei

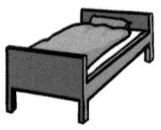

bed

bed

broom

bezem

bucket

emmer

switch

schakelaar

living room

woonkamer

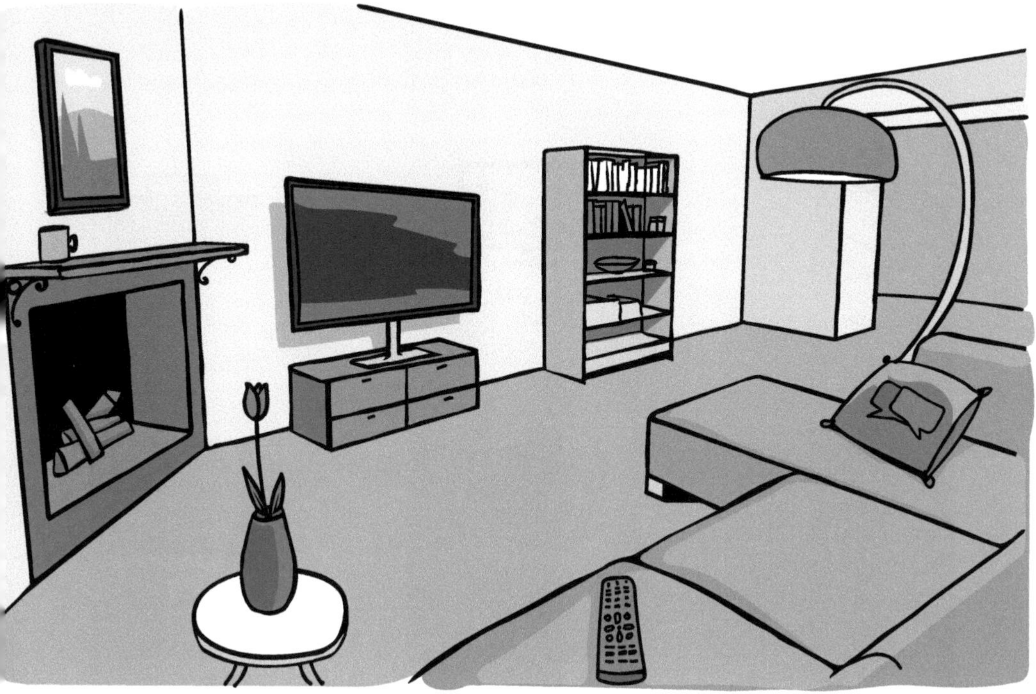

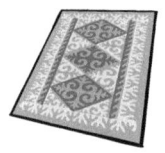

carpet

tapijt

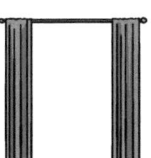

curtain

gordijn

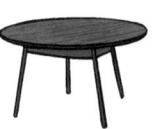

table

tafel

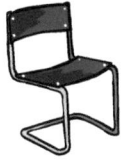

chair

stoel

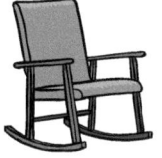

rocking chair

schommelstoel

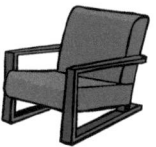

armchair

stoel

book

boek

blanket

deken

decoration

decoratie

firewood

brandhout

film

film

hi-fi equipment

stereo-installatie

key

sleutel

newspaper

krant

painting

schilderij

poster

poster

radio

radio

notepad

kladblok

hoover

stofzuiger

cactus

cactus

candle

kaars

kitchen
keuken

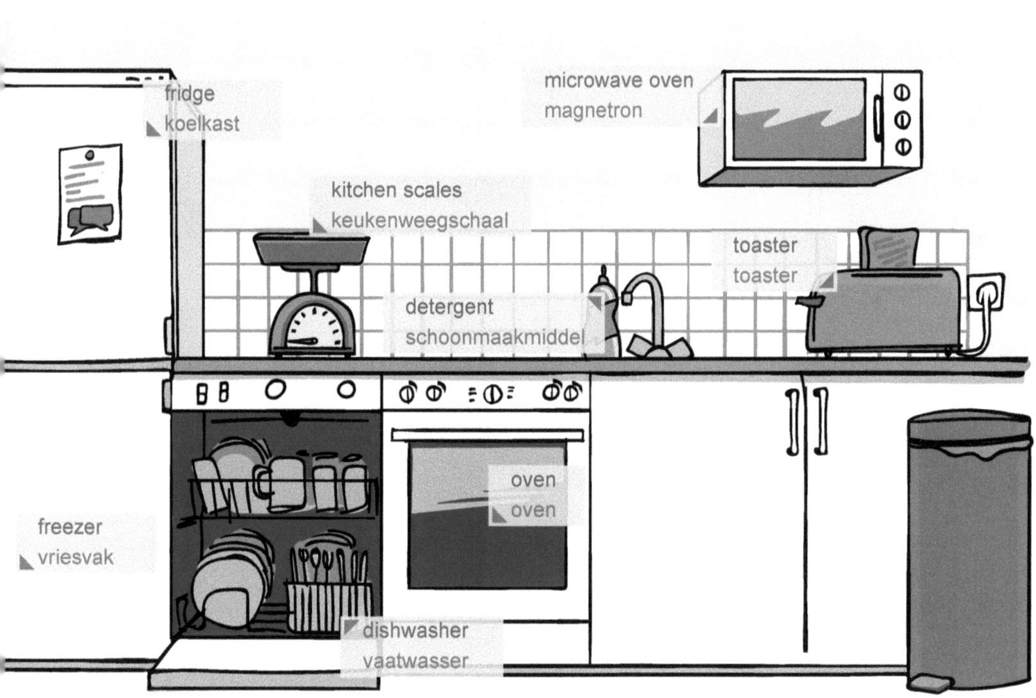

fridge
koelkast
microwave oven
magnetron
kitchen scales
keukenweegschaal
toaster
toaster
detergent
schoonmaakmiddel
oven
oven
freezer
vriesvak
dishwasher
vaatwasser

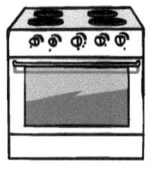

cooker

fornuis

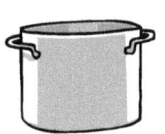

pot

pan

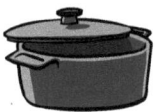

cast-iron pot

gietijzeren pan

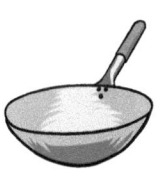

wok / kadai

wok / kadai

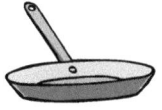

pan

koekenpan

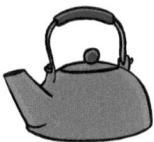

kettle

ketel

steamer

stoomkoker

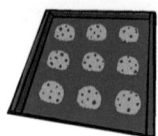

baking tray

bakplaat

crockery

servies

mug

beker

bowl

kom

chopsticks

eetstokjes

ladle

soeplepel

spatula

spatel

whisk

garde

strainer

vergiet

sieve

zeef

grater

rasp

mortar

vijzel

barbecue

barbecue

open fire

vuurhaard

chopping board

snijplank

rolling pin

deegroller

corkscrew

kurkentrekker

can

blik

can opener

blikopener

pot holder

pannenlap

sink

wasbak

brush

borstel

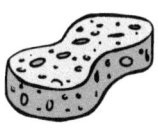

sponge

spons

blender

blender

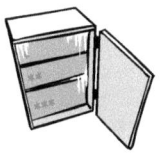

deep freezer

vriezer

baby bottle

babyflesje

tap

kraan

bathroom

badkamer

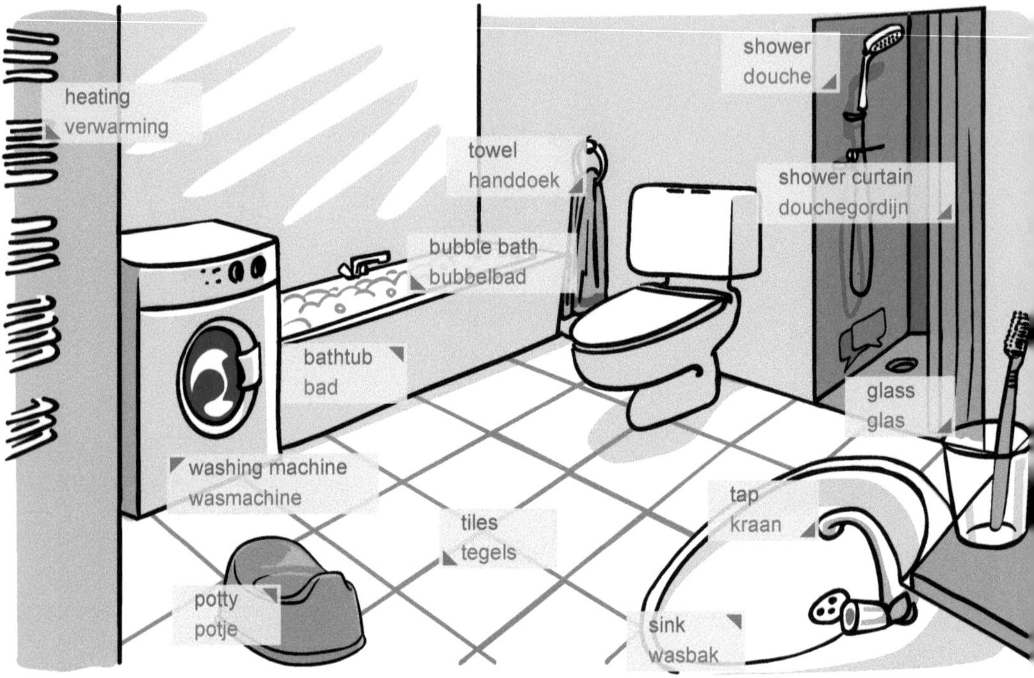
heating
verwarming
shower
douche
towel
handdoek
shower curtain
douchegordijn
bubble bath
bubbelbad
bathtub
bad
glass
glas
washing machine
wasmachine
tap
kraan
tiles
tegels
potty
potje
sink
wasbak

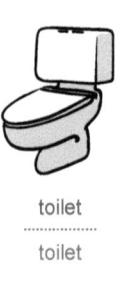

toilet

toilet

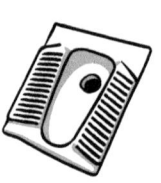

squat toilet

hurktoilet

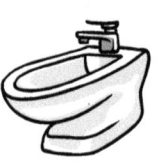

bidet

bidet

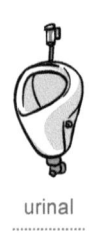

urinal

urinoir

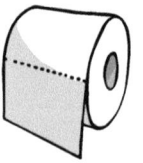

toilet paper

toiletpapier

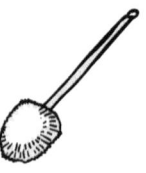

toilet brush

toiletborstel

toothbrush

tandenborstel

toothpaste

tandpasta

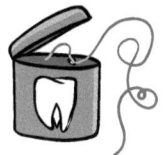

dental floss

flosdraad

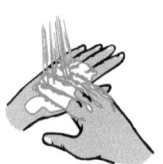

wash

wassen

handheld shower

handdouche

douche

toiletdouche

basin

waskom

back brush

rugborstel

soap

zeep

shower gel

douchegel

shampoo

shampoo

flannel

washanje

drain

afvoer

cream

creme

deodorant

deodorant

mirror

spiegel

hand mirror

make-upspiegel

razor

scheermes

shaving foam

scheerschuim

aftershave

aftershave

comb

kam

brush

borstel

hair dryer

haardroger

hairspray

haarspray

makeup

make-up

lipstick

lippenstift

nail varnish

nagellak

cotton wool

watten

nail scissors

nagelschaartje

perfume

parfum

washbag

toilettas

stool

kruk

weighing scale

weegschaal

bathrobe

badjas

rubber gloves

rubber handschoenen

tampon

tampon

sanitary towel

maandverband

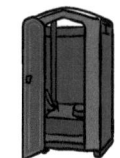

chemical toilet

chemisch toilet

child's room

kinderkamer

alarm clock
wekker
cuddly toy
knuffeldier
toy car
speelgoedauto
rattle
rammelaar
doll's house
poppenhuis
present
cadeau

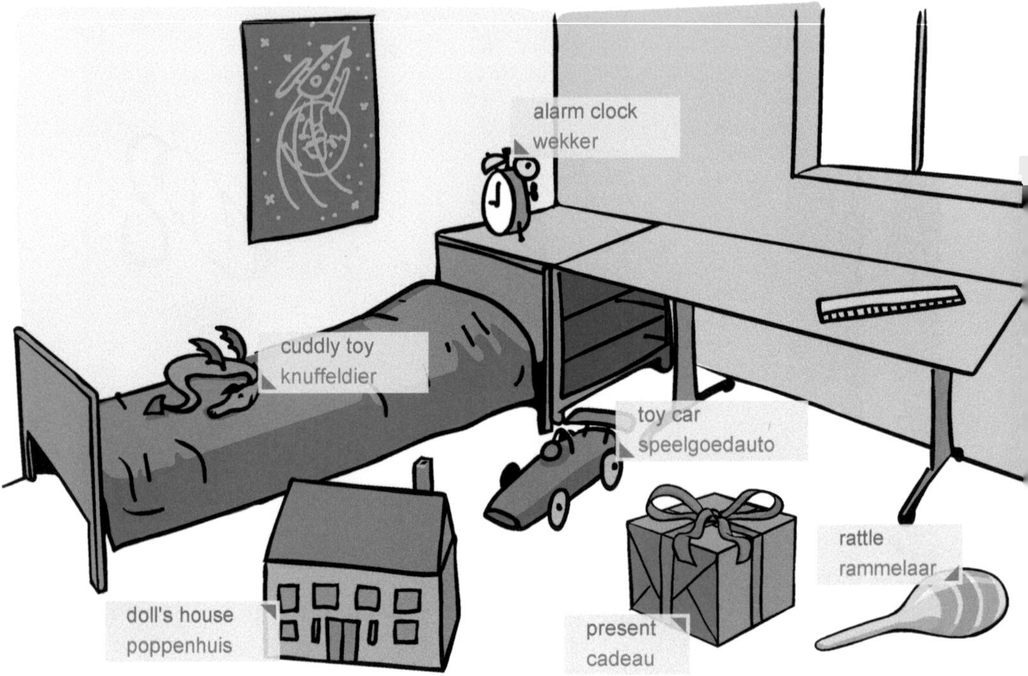

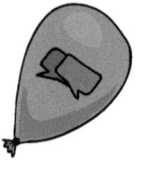

balloon

ballon

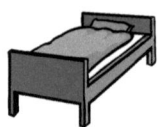

bed

bed

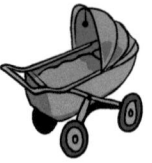

pram

kinderwagen

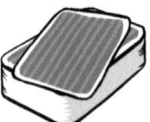

deck of cards

kaartspel

jigsaw

puzzel

SUPER
MEGA

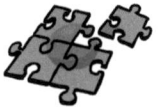

comic

stripverhaal

lego bricks

legostenen

building blocks

speelgoedblokken

action figure

actiefiguurtje

babygrow

romper

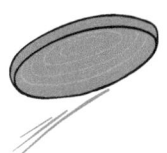

frisbee

frisbee

mobile

mobile

board game

bordspel

dice

dobbelsteen

model train set

modeltrein

dummy

speen

party

feestje

picture book

prentenboek

ball

bal

doll

pop

play

spelen

child's room - kinderkamer

sandpit

zandbak

swing

schommel

toys

speelgoed

video game console

spelcomputer

tricycle

driewieler

teddy bear

teddybeer

wardrobe

kleerkast

clothing

kleding

socks

sokken

stockings

kousen

tights

panty

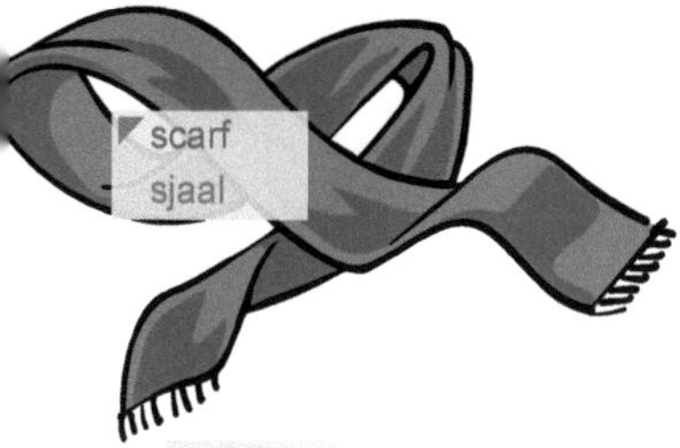

scarf
sjaal

umbrella
paraplu

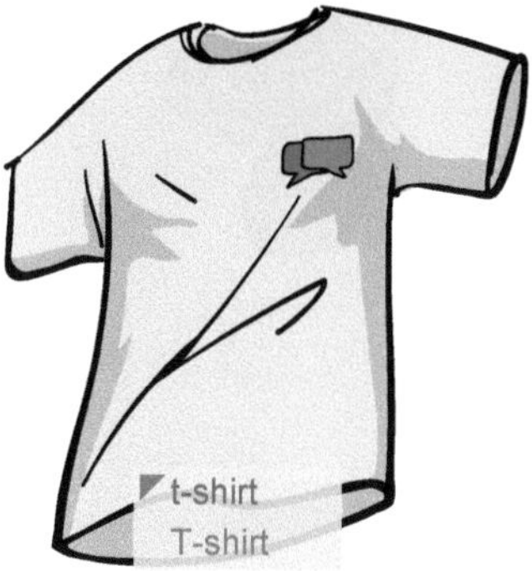

t-shirt
T-shirt

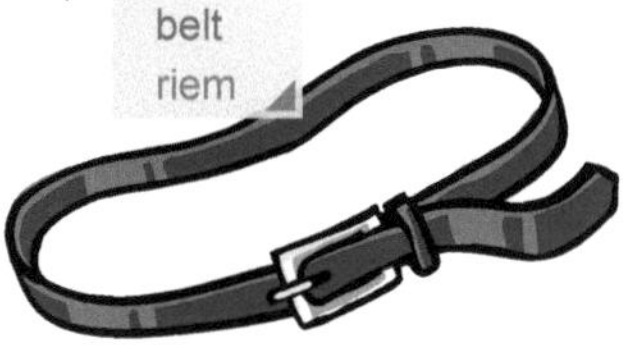

belt
riem

boots
laarzen

slippers
pantoffels

trainers
sportschoenen

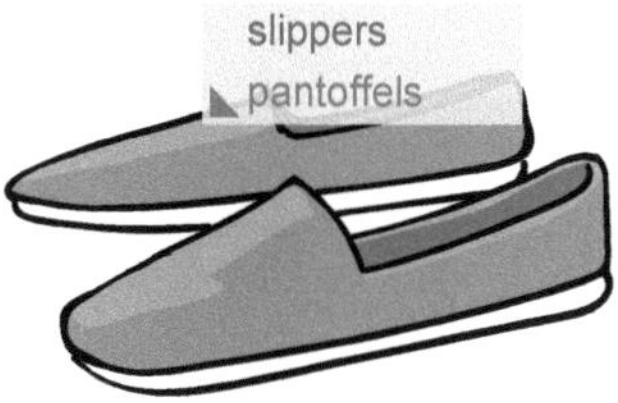

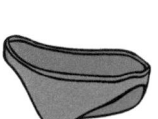

sandals
sandalen

shoes
schoenen

rubber boots
rubberlaarzen

underpants
onderbroek

bra
beha

vest
onderhemd

body

body

trousers

broek

jeans

spijkerbroek

skirt

rok

blouse

blouse

shirt

overhemd

pullover

trui

hoodie

hoody

blazer

blazer

jacket

jas

coat

mantel

raincoat

regenjas

costume

kostuum

dress

jurk

wedding dress

trouwjurk

suit

pak

nightgown

nachthemd

pyjamas

pyjama

sari

sari

headscarf

hoofddoek

turban

tulband

burqa

boerka

kaftan

kaftan

abaya

abaja

swimsuit

zwempak

trunks

zwembroek

shorts

korte broek

tracksuit

trainingspak

apron

schort

gloves

handschoenen

button

knoop

glasses

bril

bracelet

armband

necklace

ketting

ring

ring

earring

oorbel

cap

pet

coat hanger

kledinghanger

hat

hoed

tie

stropdas

zip

rits

helmet

helm

braces

bretels

school uniform

schooluniform

uniform

uniform

bib

slabbetje

dummy

speen

nappy

luier

office

kantoor

filing cabinet
archiefkast

server
server

printer
printer

monitor
beeldscherm

paper
papier

desk
bureau

mouse
muis

folder
map

keyboard
toetsenbord

chair
stoel

waste-paper basket
prullenmand

computer
computer

coffee mug

koffiemok

calculator

rekenmachine

internet

internet

laptop

laptop

letter

brief

message

bericht

mobile

mobiele telefoon

network

netwerk

photocopier

kopieermachine

software

software

telephone

telefoon

plug socket

stopcontact

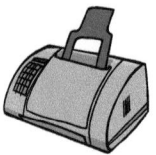

fax machine

fax

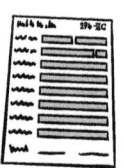

form

formulier

document

document

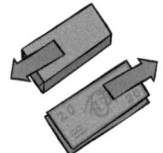

buy

kopen

pay

betalen

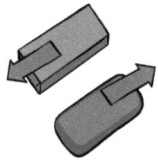

trade

handel drijven

money

geld

 USD

dollar

dollar

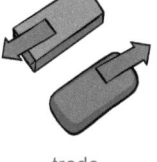 EUR

euro

euro

 JPY

yen

yen

 RUB

rouble

roebel

 CHF

Swiss franc

Zwitserse frank

 CNY

renminbi yuan

renminbi yuan

 INR

rupee

roepie

cashpoint

geldautomaat

bureau de change

wisselkantoor

gold

goud

silver

zilver

oil

olie

energy

energie

price

prijs

contract

contract

tax

belasting

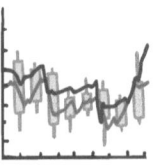

stock

aandeel

work

werken

employee

werknemer

employer

werkgever

factory

fabriek

shop

winkel

police officer
politieagent

fireman
brandweerman

cook
kok

doctor
dokter

pilot
piloot

gardener
tuinman

carpenter
timmerman

seamstress
naaister

judge
rechter

chemist
scheikundige

actor
toneelspeler

bus driver

buschauffeur

taxi driver

taxichauffeur

fisherman

visser

cleaning lady

schoonmaakster

roofer

dakdekker

waiter

ober

hunter

jager

painter

schilder

baker

bakker

electrician

elektricien

builder

bouwvakker

engineer

ingenieur

butcher

slager

plumber

loodgieter

postman

postbode

soldier

soldaat

architect

architect

cashier

kassier

florist

bloemist

hairdresser

kapper

conductor

conducteur

mechanic

monteur

captain

kapitein

dentist

tandarts

scientist

wetenschapper

rabbi

rabbi

imam

imam

monk

monnik

clergyman

pastoor

tools

gereedschap

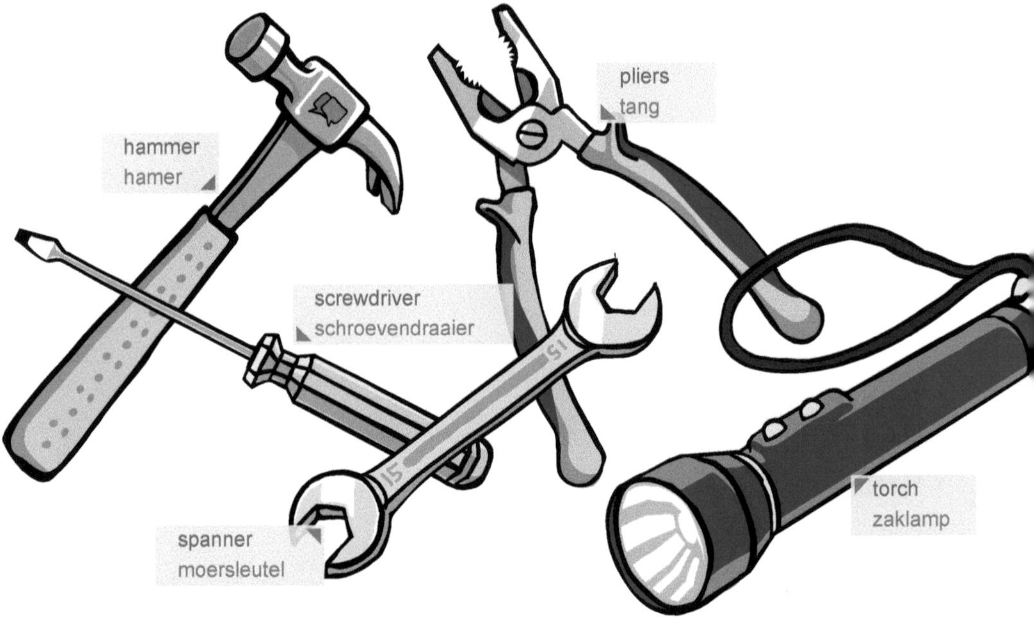
pliers
tang
hammer
hamer
screwdriver
schroevendraaier
torch
zaklamp
spanner
moersleutel

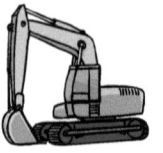

digger

graafmachine

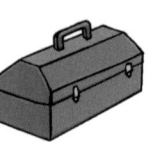

toolbox

gereedschapskist

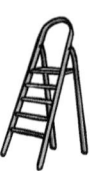

ladder

ladder

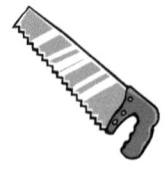

saw

zaag

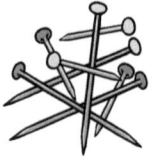

nails

spijkers

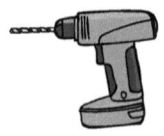

drill

boor

repair
repareren

shovel
schep

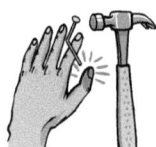

Damn!
Verdorie!

dustpan
stofblik

paint pot
verfpot

screws
schroeven

musical instruments
muziekinstrumenten

loudspeaker
luidspreker

drum kit
drumstel

guitar
gitaar

double bass
contrabas

trumpet
trompet

piano

piano

violin

viool

bass

bas

timpani

pauk

drums

trommel

keyboard

keyboard

saxophone

saxofoon

flute

fluit

microphone

microfoon

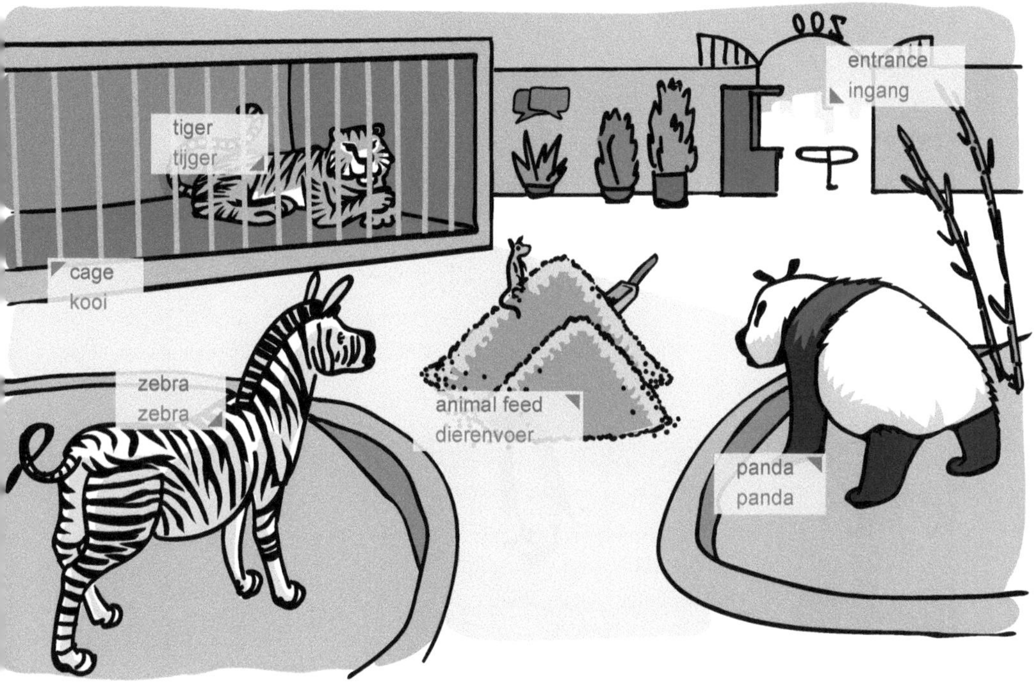

tiger
tijger

entrance
ingang

cage
kooi

zebra
zebra

animal feed
dierenvoer

panda
panda

animals

dieren

elephant

olifant

kangaroo

kangoeroe

rhino

neushoorn

gorilla

gorilla

bear

beer

camel

kameel

ostrich

struisvogel

lion

leeuw

monkey

aap

flamingo

flamingo

parrot

papegaai

polar bear

ijsbeer

penguin

pinguïn

shark

haai

peacock

pauw

snake

slang

crocodile

krokodil

zookeeper

dierenverzorger

seal

zeehond

jaguar

jaguar

pony
pony

leopard
luipaard

hippo
nijlpaard

giraffe
giraffe

eagle
adelaar

boar
wild zwijn

fish
vis

turtle
schildpad

walrus
walrus

fox
vos

gazelle
gazelle

American football
American football

cycling
wielrennen

tennis
tennis

basketball
basketbal

swimming
zwemmen

boxing
boksen

ice hockey
ijshockey

football
voetbal

badminton
badminton

athletics
atletiek

handball
handbal

skiing
skiën

polo
polo

activities
activiteiten

jump
springen
hug
knuffelen
laugh
lachen
walk
lopen
sing
zingen
dream
dromen
pray
bidden
kiss
kussen

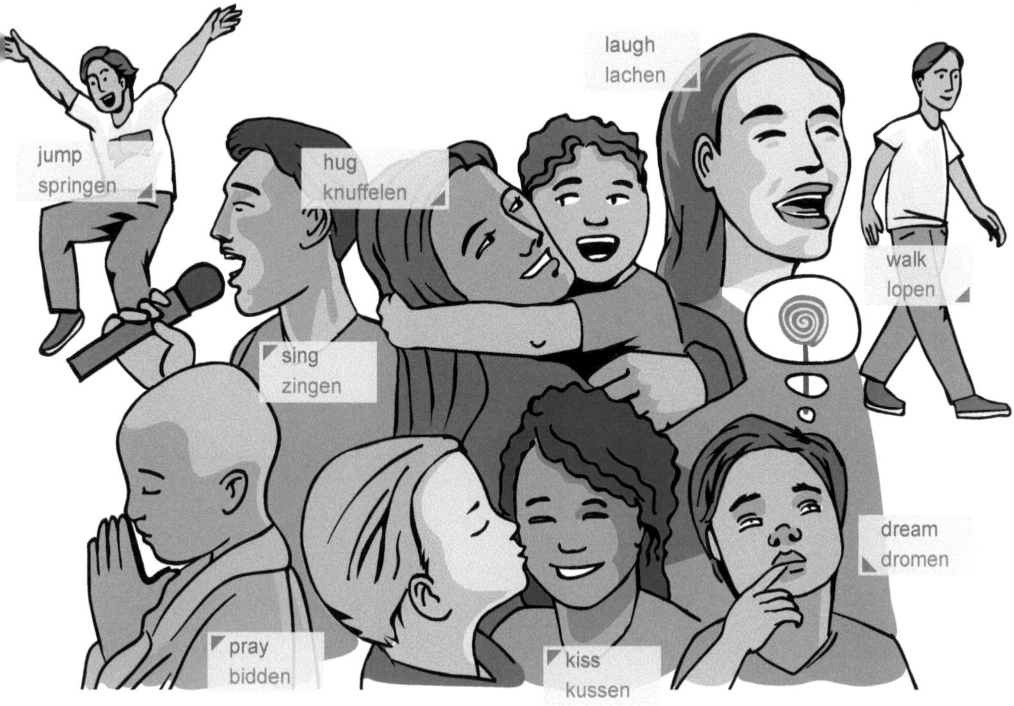

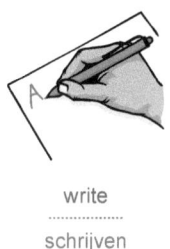

write
schrijven

draw
tekenen

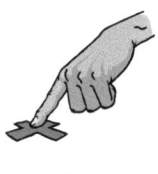

show
tonen

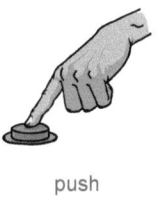

push
duwen

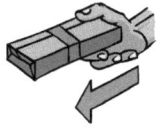

give
geven

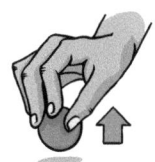

take
oppakken

have
hebben

do
doen

be
zijn

stand
staan

run
rennen

pull
trekken

throw
gooien

fall
vallen

lie
liggen

wait
wachten

carry
dragen

sit
zitten

get dressed
aankleden

sleep
slapen

wake up
wakker worden

look at

bekijken

cry

huilen

stroke

strelen

comb

kammen

talk

praten

understand

begrijpen

ask

vragen

listen

horen

drink

drinken

eat

eten

tidy up

opruimen

love

houden van

cook

koken

drive

rijden

fly

vliegen

activities - activiteiten

sail

zeilen

calculate

rekenen

read

lezen

learn

leren

work

werken

marry

trouwen

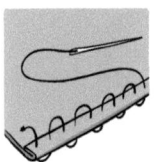

sew

naaien

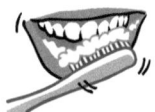

brush teeth

tandenpoetsen

kill

doden

smoke

roken

send

verzenden

activities - activiteiten

family
familie

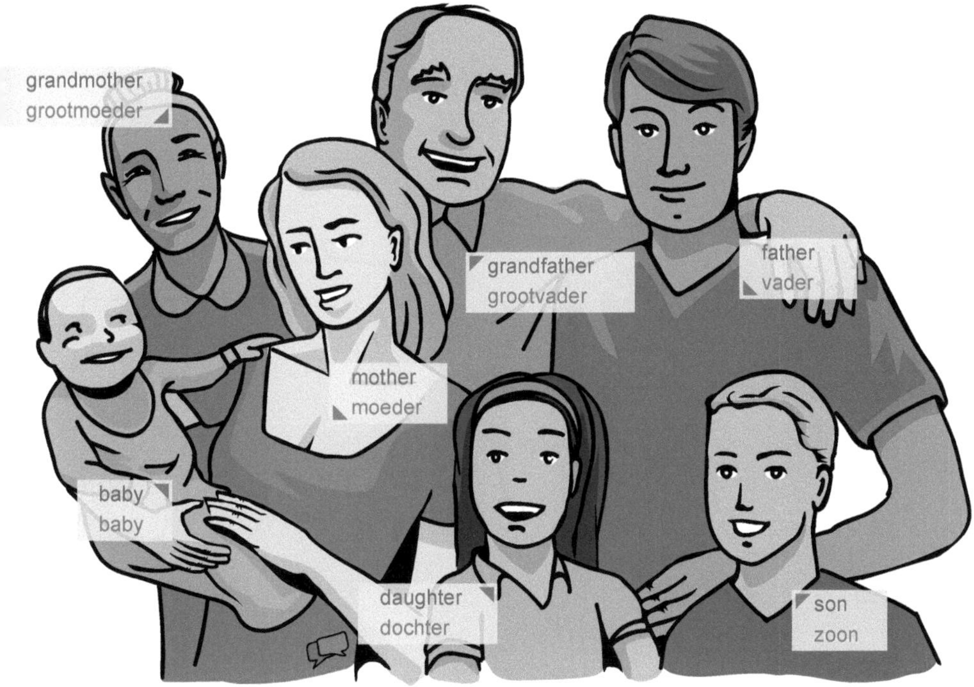
grandmother
grootmoeder
grandfather
grootvader
father
vader
mother
moeder
baby
baby
daughter
dochter
son
zoon

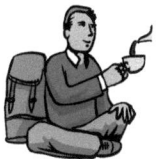

guest
gast

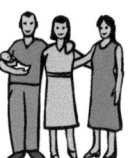

aunt
tante

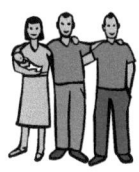

uncle
oom

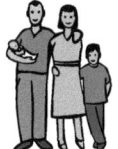

brother
broer

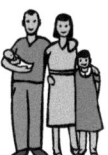

sister
zus

body
lichaam

forehead
voorhoofd
eye
oog
shoulder
schouder
finger
vinger
face
gezicht
chin
kin
hand
hand
leg
been
breast
borst
arm
arm

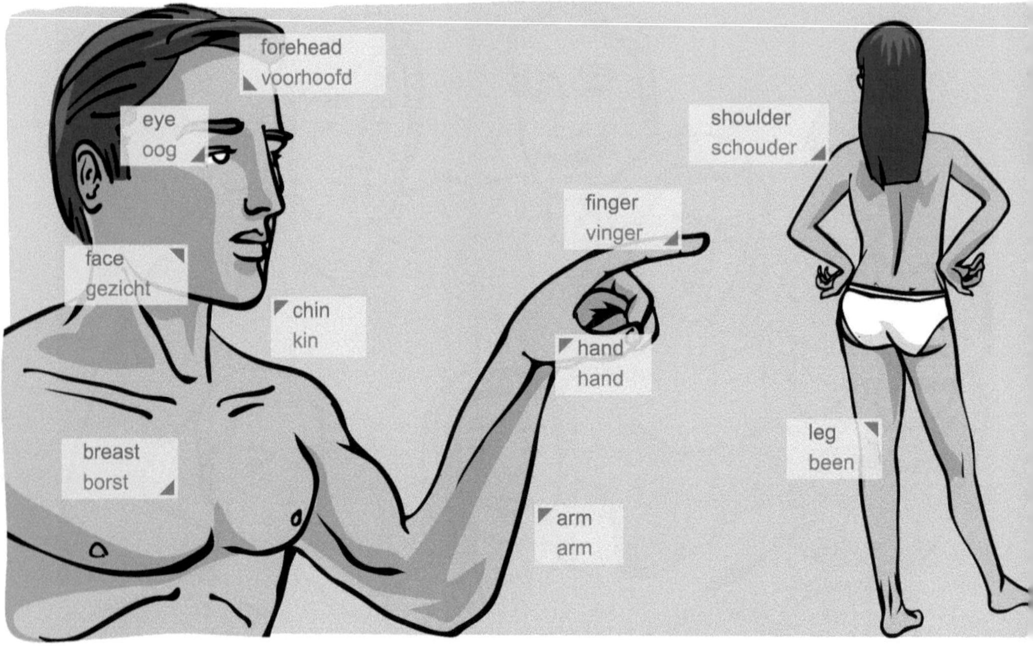

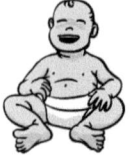

baby
baby

man
man

woman
vrouw

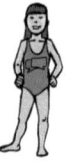

girl
meisje

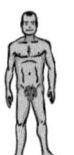

boy
jongen

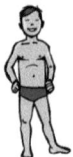

head
hoofd

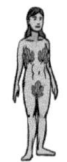

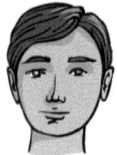

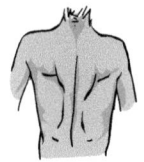

back
rug

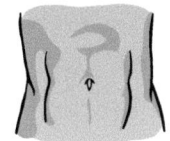

belly
buik

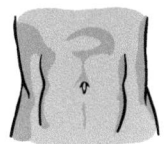

belly button
navel

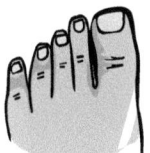

toe
teen

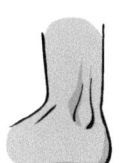

heel
hiel

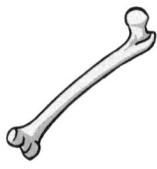

bone
bot

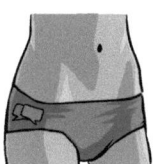

hip
heup

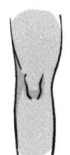

knee
knie

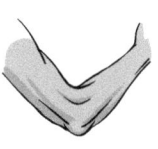

elbow
elleboog

nose
neus

bottom
achterwerk

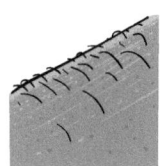

skin
huid

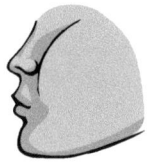

cheek
wang

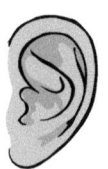

ear
oor

lip
lippen

body - lichaam

mouth

mond

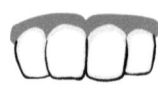

tooth

tand

tongue

tong

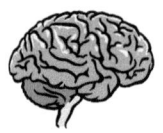

brain

hersenen

heart

hart

muscle

spier

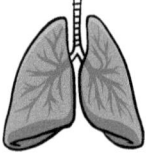

lung

long

liver

lever

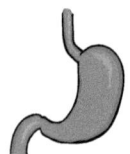

stomach

maag

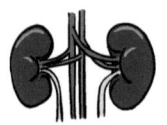

kidneys

nieren

sex

geslachtsgemeenschap

condom

condoom

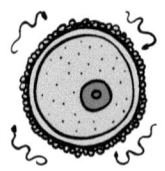

ovum

eicel

semen

sperma

pregnancy

zwangerschap

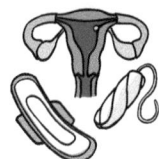

menstruation

menstruatie

vagina

vagina

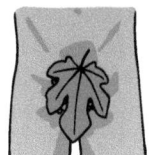

penis

penis

eyebrow

wenkbrauw

hair

haar

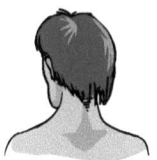

neck

hals

hospital
ziekenhuis

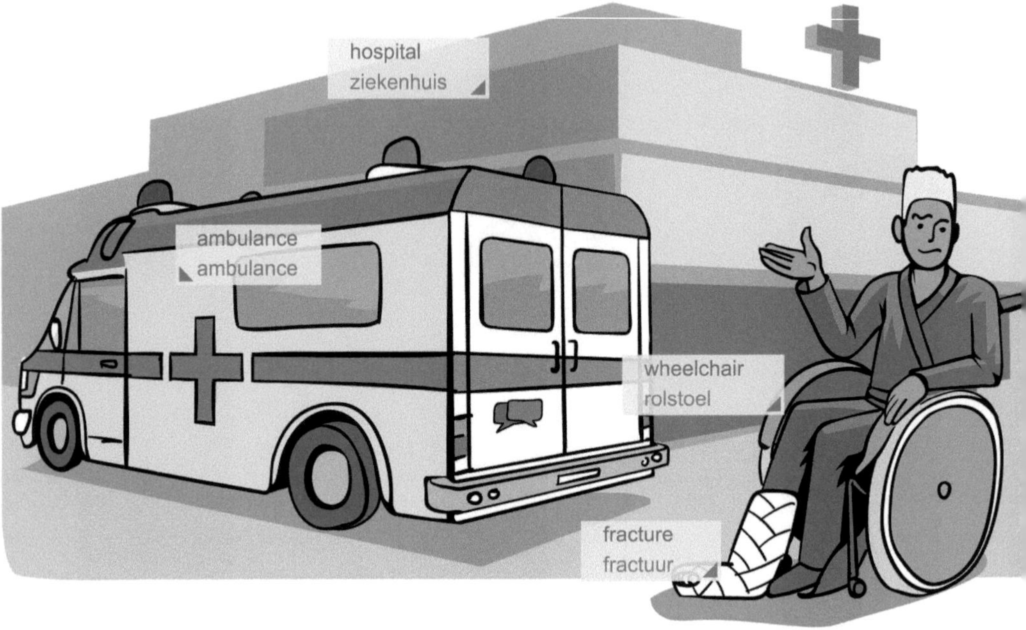

hospital
ziekenhuis
ambulance
ambulance
wheelchair
rolstoel
fracture
fractuur

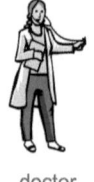

doctor

dokter

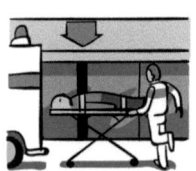

emergency room

EHBO

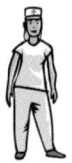

nurse

verpleegster

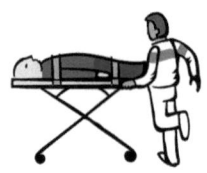

emergency

noodgeval

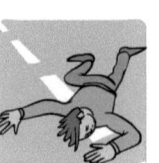

unconscious

bewusteloos

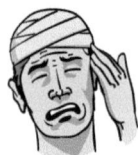

pain

pijn

injury

verwonding

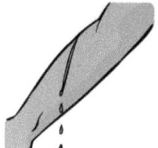

bleeding

bloeding

heart attack

hartaanval

stroke

beroerte

allergy

allergie

cough

hoest

fever

koorts

flu

griep

diarrhoea

diarree

headache

hoofdpijn

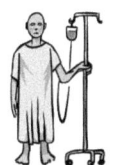

cancer

kanker

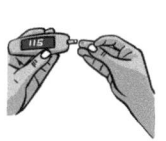

diabetes

diabetes

surgeon

chirurg

scalpel

scalpel

operation

operatie

CT

CT

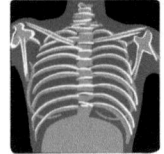

x-ray

röntgen

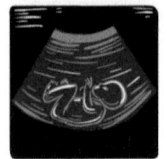

ultrasound

echografie

face mask

gezichtsmasker

disease

ziekte

waiting room

wachtkamer

crutch

kruk

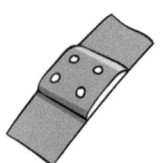

plaster

pleister

bandage

verband

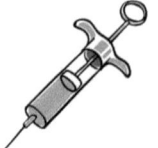

injection

injectie

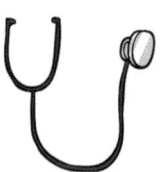

stethoscope

stethoscoop

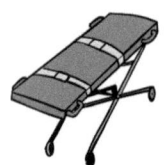

stretcher

brancard

clinical thermometer

thermometer

birth

geboorte

overweight

overgewicht

hospital - ziekenhuis

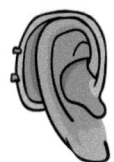

hearing aid

gehoorapparaat

disinfectant

ontsmettingsmiddel

infection

infectie

virus

virus

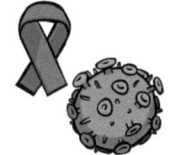

HIV / AIDS

HIV / AIDS

medicine

medicijn

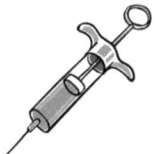

vaccination

inenting

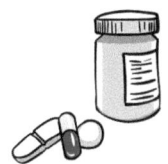

tablets

tabletten

pill

pil

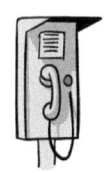

emergency call

alarmnummer

blood pressure monitor

bloeddrukmeter

ill / healthy

ziek / gezond

Help!
Help!

alarm
alarm

assault
overval

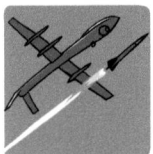

attack
aanval

danger
gevaar

emergency exit
nooduitgang

Fire!
Brand!

fire extinguisher
brandblusser

accident
ongeluk

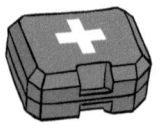

first-aid kit
EHBO-koffer

SOS
SOS

police
politie

Europe

Europa

North America

Noord-Amerika

South America

Zuid-Amerika

Africa

Afrika

Asia

Azië

Australia

Australië

Atlantic

Atlantische Oceaan

Pacific

Stille Oceaan

Indian Ocean

Indische Oceaan

Antarctic Ocean

Zuidelijke Oceaan

Arctic Ocean

Noordelijke IJszee

North Pole

Noordpool

South Pole
....
Zuidpool

Antarctica
....
Antarctica

Earth
....
aarde

land
....
land

sea
....
zee

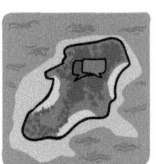

island
....
eiland

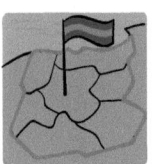

nation
....
natie

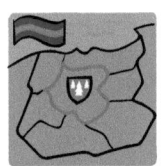

state
....
staat

Earth - aarde

clock face

wijzerplaat

hour hand

uurwijzer

minute hand

minutenwijzer

second hand

secondewijzer

What time is it?

Hoe laat is het?

day

dag

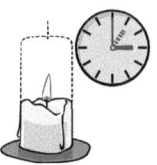

time

tijd

now

nu

digital watch

digitaal horloge

minute

minuut

hour

uur

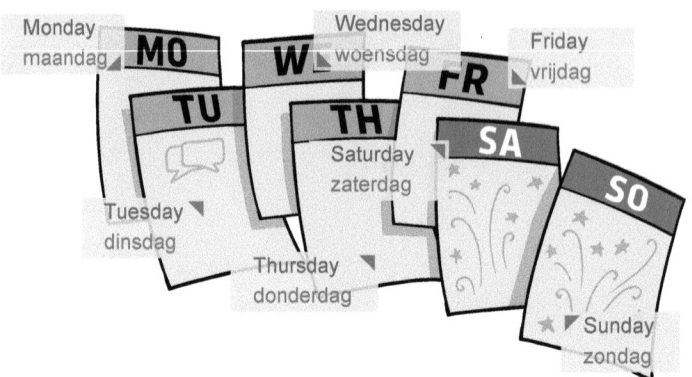

Monday – maandag
Wednesday – woensdag
Friday – vrijdag
Tuesday – dinsdag
Saturday – zaterdag
Thursday – donderdag
Sunday – zondag

yesterday

gisteren

today

vandaag

tomorrow

morgen

morning

ochtend

noon

middag

evening

avond

business days

werkdagen

weekend

weekend

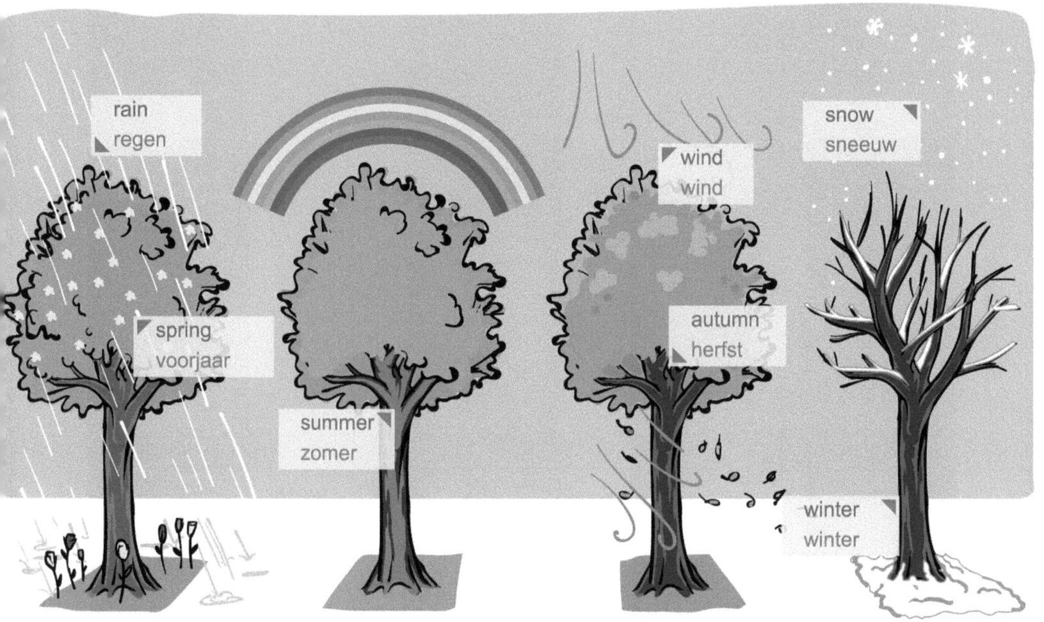

rain
regen
snow
sneeuw
wind
wind
spring
voorjaar
autumn
herfst
summer
zomer
winter
winter

4.APRIL 11°
5.APRIL 4°
6.APRIL 13°
7.APRIL 8°
8.APRIL 10°

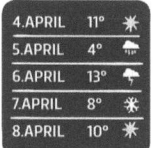

weather forecast

weerbericht

F
C
120
90
60
30
0
-30
40
30
20
10
0
-10
-20

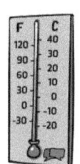

thermometer

thermometer

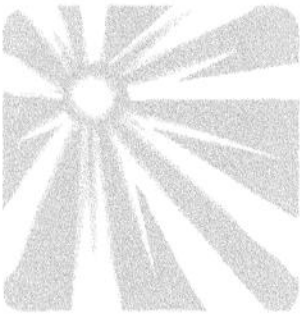

sunshine

zonneschijn

cloud

wolk

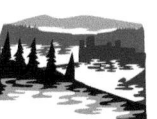

fog

mist

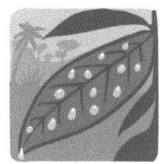

humidity

luchtvochtigheid

lightning

bliksem

thunder

donder

storm

storm

hail

hagel

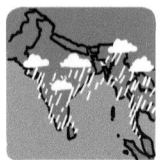

monsoon

moesson

flood

overstroming

ice

ijs

January

januari

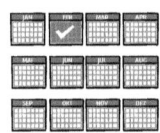

February

februari

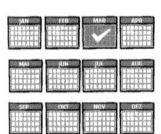

March

maart

April

april

May

mei

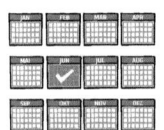

June

juni

July

juli

August

augustus

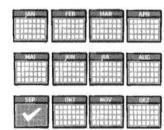

September
....
september

October
....
oktober

November
....
november

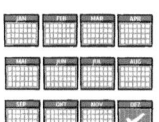

December
....
december

shapes
vormen

circle
....
cirkel

square
....
vierkant

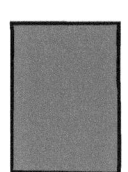

rectangle
....
rechthoek

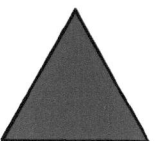

triangle
....
driehoek

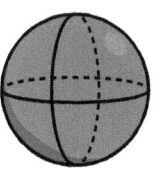

sphere
....
bol

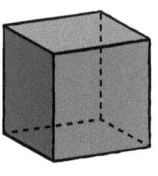

cube
....
kubus

white
wit

yellow
geel

orange
oranje

pink
roze

red
rood

purple
paars

blue
blauw

green
groen

brown
bruin

grey
grijs

black
zwart

a lot / a little

veel / weinig

angry / calm

boos / rustig

beautiful / ugly

mooi / lelijk

beginning / end

begin / einde

big / small

groot / klein

bright / dark

licht / donker

brother / sister

broer / zus

clean / dirty

schoon / vies

complete / incomplete

volledig / onvolledig

day / night

dag/ nacht

dead / alive

dood / levend

wide / narrow

breed / smal

edible / inedible

eetbaar / oneetbaar

evil / kind

gemeen / aardig

excited / bored

opgewonden / verveeld

fat / thin

dik / dun

first / last

eerste / laatste

friend / enemy

vriend / vijand

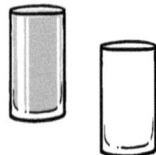

full / empty

vol / leeg

hard / soft

hard / zacht

heavy / light

zwaar / licht

hunger / thirst

honger / dorst

ill / healthy

ziek / gezond

illegal / legal

illegaal / legaal

intelligent / stupid

intelligent / dom

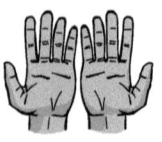

left / right

links / rechts

near / far

dichtbij / ver

opposites - tegenstellingen

new / used

nieuw / gebruikt

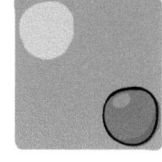

nothing / something

niets / iets

old / young

oud / jong

on / off

aan / uit

open / closed

open / gesloten

quiet / loud

zacht / luid

rich / poor

rijk / arm

right / wrong

goed / fout

rough / smooth

ruw / glad

sad / happy

verdrietig / gelukkig

short / long

kort / lang

slow / fast

langzaam / snel

wet / dry

nat / droog

warm / cool

warm / koel

war / peace

oorlog / vrede

0

zero

nul

1

one

één

2

two

twee

3

three

drie

4

four

vier

5

five

vijf

6

six

zes

7

seven

zeven

8

eight

acht

9

nine

negen

10

ten

tien

11

eleven

elf

12

twelve

twaalf

13

thirteen

dertien

14

fourteen

veertien

15

fifteen

vijftien

16

sixteen

zestien

17

seventeen

zeventien

18

eighteen

achttien

19

nineteen

negentien

20

twenty

twintig

100

hundred

honderd

1.000

thousand

duizend

1.000.000

million

miljoen

English
Engels

American English
Amerikaans Engels

Chinese Mandarin
Chinees Mandarijn

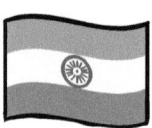

Hindi
Hindi

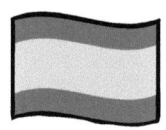

Spanish
Spaans

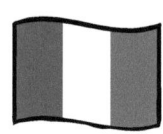

French
Frans

Arabic
Arabisch

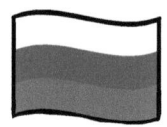

Russian
Russisch

Portuguese
Portugees

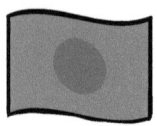

Bengali
Bengalees

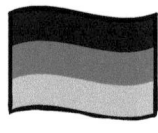

German
Duits

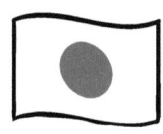

Japanese
Japans

I
ik

you
jij

he / she / it
hij / zij / het

we
wij

you
jullie

they
zij

who?
wie?

what?
wat?

how?
hoe?

where?
waar?

when?
wanneer?

name
naam

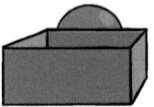

behind

achter

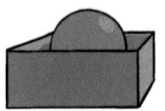

in

in

in front of

voor

over

boven

on

op

under

onder

beside

naast

between

tussen

place

plaats